Ulrich Habfast

Das Staatsrecht hört nicht auf

Carl Schmitts Definition der Souveränität

Bibliografische Information der Deutschen Nationalbibliothek abrufbar unter http://dnb.dnb.de.

Herstellung und Verlag: BoD – Books on Demand, Norderstedt

ISBN: 978-3-7534-9666-5

I

Carl Schmitts Definition der Souveränität ist weithin bekannt. Sie wird oft und gerne zitiert, quer durch die wissenschaftlichen Disziplinen, aber auch außerhalb, in Zeitungen, Theaterstücken und gelegentlich sogar im Kino. Die Frivolität, mit der die Legitimität der Staatsmacht aus ihrer intensivsten Ausübung abgeleitet wird, fasziniert und erschreckt das Publikum. Die Definition zeigt eine schonungslose Offenheit in Machtfragen, die mit der Zurückhaltung kontrastiert, die die Inhaber der Staatsmacht und ihr Personal im Allgemeinen an den Tag legen. Es entsteht der Eindruck, hier werde etwas ausgesprochen, das sonst ungesagt bleibt. Dass die Definition lapidar als ein faktum brutum vorgetragen wird, macht sie zudem anschlussfähig an die unterschiedlichsten Diskurse und ist ein weiterer Motor ihrer Popularität. Apologeten und Kritiker, Zyniker und Analytiker der Staatsmacht fühlen sich im gleichen Maße angesprochen. Jeder liest und bewertet die Definition in seiner eigenen Welt. Ein breites Feld von Deutungen ist das Ergebnis. Sie bieten ein hohes Anregungspotential von unbegrenzter Diversität. Die meisten Auslegungen verharren freilich im Kontext der anfänglichen Faszination, des initialen Erschreckens. Man akzeptiert den überlegenen Charakter der staatlichen Autorität oder fragt sich, ob eine solcherart agierende Staatsmacht am Ende ganz ordinär Putschisten legitimiert. Zur wesentlichen Frage, der nach dem Motiv, die Souveränität als Entscheidung über den Ausnahmezustand zu definieren, wird dabei selten durchgedrungen. Ohne ein Verständnis des Souveränitätsbegriffs der Definition aber werden die Fragen jenseits von

Faszination und Erschrecken, insbesondere die kritischen Fragen, nicht zu beantworten sein.

Schmitt macht es den Lesern nicht leicht, seiner Schrift eine konsistente Begründung seines Souveränitätsbegriffs zu entnehmen. Die Darstellung ist nicht diskursiv. Sie gibt sich eher apodiktisch. Der Vorstellung der Definition folgt ein Stakkato von Behauptungssätzen, die keine Nachfragen zulassen. Dazu gesellen sich zahllose sich widersprechende und paradoxe Formulierungen. Der Versuch, aus den Erläuterungen auch nur eine Klärung des Souveränitätsbegriffs zu gewinnen, endet in einem semantischen Irrgarten. Man gewinnt den Eindruck, mit einer ganz persönlichen Variante der »Kunst des exoterisch-esoterischen Schreibens«[1] konfrontiert zu werden. Dem Leser wird die provokative These unvermittelt und ohne Vorbehalt ins Gesicht geschleudert, die sachliche Durchdringung aber wird unmöglich gemacht. Die Definition bleibt ein Geheimnis, ihr Sinn soll dem Lesers verborgen bleiben. Auch wenn ein nicht geringer Teil der Faszination, die die Definition auch heute noch auslöst, insbesondere außerhalb der juristischen Diskussion, dem Reiz geschuldet ist, dieses exoterisch-esoterische Spiel weiter und mitzuspielen als wäre die Definition ein Versuch, Intellektuelle auf breiter Front zu unterhalten, dürfte daraus keine Klärung des Souveränitätsbegriffs zu gewinnen sein.

Eine größere Aussicht auf Erfolg hat ein Vorgehen, das nicht an den schillernden Formulierungen ansetzt, sondern an Schmitts Methodik der Begriffsbildung. Seine Begriffe haben einen dreifachen Ursprung. Zunächst ruhen

[1] Heinrich Meier: *Die Denkbewegung von Leo Strauss.* Stuttgart 1996, S. 30.

sie auf einer politischen und juristischen Situationsbeschreibung, von Schmitt gerne als »Lage« bezeichnet. Sie sind keine Universalien, sondern konkrete Begriffe, für bestimmte politische und historische Situationen konzipiert. Sodann beziehen die Begriffe aus dieser Lage heraus Position, oft auf polemische Weise. Sie haben immer den politischen Gegner im Blick, Schmitts Begriffe sind Kampfbegriffe. Schließlich werden Lage und Positionsnahme in eine griffige Formulierung gegossen, es gilt umzusetzen, was Schmitt einmal an Hippolyte Taine gerühmt hat, »weite und komplizierte Vorgänge auf eine prägnante Formel ihrer structure intime zu bringen«[2], hier also das jeweilige juristische Thema in einem konzisen Satz zu verdichten. Im Grunde muss eine Klärung der Souveränitätsdefinition dieses Verfahren nur nachvollziehen, um die Definition zu verstehen. Sie muss die von Schmitt diagnostizierte Lage und seine Positionierung identifizieren, um schließlich seine Definition nachzuvollziehen. Aus dieser Perspektive wird dann auch eine Systematik der Definition sichtbar, die in den schillernden Formulierungen nicht ohne weiteres erkennbar ist. Auch die Widersprüchen und Paradoxien sind erst in diesem Licht auflösbar.

II

Schmitts Lagebeschreibung und auch der politische Gegner liegen im Fall der Definition der Souveränität offen zu Tage. Die Diagnose einer weitgehenden Verdrängung

---

[2] *PR,* S. 40 F3.

der Souveränität aus dem Begriffsarsenal des Staatsrechts war für ihn die Lage, von der auszugehen ist und die Vertreter des rechtsstaatlichen Liberalismus haben sie herbeigeführt. »Alle Tendenzen der modernen rechtsstaatlichen Entwicklung gehen dahin, den Souverän [...] zu beseitigen.«[3] Hans Kelsen war für Schmitt die Personifizierung der Situation. In seinem viel beachteten Buch zum Problem der Souveränität[4] hatte dieser einen Generalangriff gegen die staatliche Souveränität geführt und den Begriff staatsrechtlich marginalisiert. Während andere die Souveränität als Rechts[5]- oder Staatssouveränität[6] jenseits personaler Macht erneuern oder mit der Volkssouveränität als selbst nicht souverän agierenden Legitimationspunkt erhalten wollten, strich Kelsen die Souveränität im Grunde komplett aus der Agenda des Staates. Für Schmitt war Kelsens Position der konsequente Endpunkt der fortschreitenden normativen Verrechtlichung des Staates. Er hielt diese Entwicklung für unumkehrbar, jedenfalls findet man bei ihm kein Votum für die Rücknahme der Entwicklung im Sinne einer Rückkehr zur personalen Souveränität im klassischen Sinne.

Schmitts Weg aus der Defensive, in der er die Souveränität abgedrängt sah, war ein anderer. Er entwickelte seine Positionsnahme als Doppelstrategie. Er hielt an seiner Auffassung fest, dass eine unbegrenzte souveräne Macht im Staat nach wie vor unabdingbar ist. Aber er begrenzte diese Macht auf den Notfall. Für das normale staatliche

---

[3] *PT*, S. 13.

[4] Hans Kelsen: *Das Problem der Souveränität und die Theorie des Völkerrechts*. Tübingen 1920.

[5] Hugo Krabbe: *Die Lehre der Rechtssouveränität*. Haag 1906.

[6] Dieter Grimm: *Souveränität*. Berlin 2009, S. 48 ff.

Leben gab er den Begriff der Souveränität auf. Damit akzeptierte er den liberal-rechtsstaatlichen Verfassungsstaat für den politischen und juristischen Alltag und bestand nur mehr für den Notstandsfall auf der souveränen Macht. In einer Tagebuchnotiz aus der Zeit, als er seine Definition konzipierte, ist die Konsequenz dieser Doppelstrategie für den staatlichen Alltag mit überraschender Offenheit benannt: »Im Normalzustand des Staates ist niemand souverän.«[7]. Der Souverän wird erst im Notfall benötigt und zeigt sich auch erst dann. Natürlich hat Schmitt den Fall einer institutionalisierten Souveränität nicht ausgeschlossen. Eine Verfassung kann die Position der Souveränität benennen. Doch hielt er diesen Fall nicht nur für unwahrscheinlich, er ändere auch an der Situation nichts grundlegendes, denn selbst der institutionalisierte Souverän bleibt im liberalen Verfassungsstaat meist ein Akteur unter anderen. Immerhin, die Definition hat beide Fälle semantisch abgedeckt. Indem sie das Wort »Souverän« an den Anfang stellt, wo es immer mit einem Großbuchstaben beginnt, eröffnete sie eine substantivische Lesart, also die Adressierung eines personalen Souveräns, aber auch eine adjektivische, die einem Staatsamt im Ausnahmefall die Kompetenz des Souveränen zukommen lässt, also Souveränität ohne statuierte Souveränität.

Die neue Position einer Ausnahmesouveränität hat Schmitt im Rahmen seiner Doppelstrategie gegen den souveränitätslosen liberalen Rechtsstaat durch eine klare Abgrenzung der juristischen Aufgaben abgesichert. Er sprach dem liberalen Rechtsstaat schlicht die Fähigkeit zur Notstandsbewältigung ab. In einer Abfolge von

---

[7] *TB*, S. 55.

apodiktischen Sätzen wird er nicht müde, diese Inkompetenz rechtsstaatlicher Verfahren zu betonen. Eine »generelle Norm [...] kann eine absolute Ausnahme niemals erfassen«[8], der Ausnahmefall könne nicht »tatbestandsmäßig umschrieben werden«[9] und es könne »weder mit subsumierbarer Klarheit angegeben, wann ein Notfall vorliegt, noch kann inhaltlich aufgezählt werden, was in einem solchen Fall geschehen darf«[10]. Der liberale Rechtsstaat hat im Notfall zu schweigen, er hat jede Handlungskompetenz verloren und kümmert sich um die Normalität juristischer Alltagfragen. Das ist die Aufgabe der verfassten Jurisprudenz. »Dem extremen Fall steht sie fassungslos gegenüber.«[11] Gleichwohl bleibt die Ausnahmesouveränität konzeptionell abhängig vom Rechtsstaat. Ihre Konstruktion hat nur Sinn, wenn für die Normalität staatlichen Lebens die Herrschaft des positiven Rechts vorausgesetzt wird. Der Ausnahmezustand ist das juristische Pendant zur normalen Jurisprudenz. Dessen Anerkennung ist der Preis, den Schmitt mit seiner Doppelstrategie zu zahlen hat. Der Begriff des souveränen Ausnahmezustands setzt den Begriff des Rechtsstaats voraus.

Das Grundstürzende der Transformation der klassischen Souveränität in eine moderne Ausnahmesouveränität wird deutlich, wenn man einen Seitenblick auf die bildliche Darstellung des Souveräns wirft, die Hobbes auf dem Frontispiz seines Leviathans[12] gewählt hat und sie mit den ausgedünnten Kompetenzen der Schmittschen

---

[8] *PT*, S. 11.
[9] *PT*, S. 12.
[10] *PT*, S. 12.
[11] *PT*, S. 18.
[12] Thomas Hobbes: *Leviathan*. Hamburg 1996, S. II.

Definition vergleicht. Der aus den vereinigten Menschen zusammengesetzte, über Stadt und Land sich erhebende Souverän, Zepter und Schwert fest in seinen Händen, versinnbildlicht hier die Herrschaft einer stabilen und sicheren Ordnung, garantiert durch eine übermächtige und unbezwingbare Person, abgesichert durch eine kontinuierliche Gesetzgebung. Ganz anders der Souverän im Ausnahmezustand. Er gibt das Bild einer vollkommen gewandelte Figur ab. Der Schmittsche Souverän ist keine Verkörperung stabiler Ordnung, keine sichere Macht, kein Gesetzgeber. Der Souverän im Ausnahmezustand ist im Gegenteil einer im Tumult, einer am Rande des Chaos, ein Kämpfer um den Bestand der Ordnung, nicht deren sichtbarer Repräsentant, ein Souverän in Gefahr, ein in Selbstverteidigung geratener. Auch sind die Mitglieder von Staat und Gesellschaft nicht in die souveräne Person inkorporiert. Der Ausnahmesouverän agiert allein. Hinsichtlich Macht und Gewalt sowie der Bereitschaft, sie konsequent für den Erhalt der Rechtsordnung einzusetzen, steht er dem Hobbesschen Souverän in nichts nach. Hier ist die Adaption des klassischen Begriffs ungebrochen. Jedoch nicht als Garant einer für jeden sichtbaren und legitimen Ordnung, sondern als einer, der im Kampf um Recht und Ordnung bestehen muss, erbt der Ausnahmesouverän von seinem klassischen Vorgänger dessen Kernmerkmal, die rechtlich unbeschränkte Gewalt, die alle Begrenzungen fortreißende Macht.

III

Schmitts nachhaltig begründete Doppelstrategie zeigt auf, dass es sich bei der Definition der Souveränität nicht um einen kurzfristigen Einfall handelt. Eine solche Vermutung wäre nicht ganz von der Hand zu weisen. Schmitt hat seine Definition in einer Zeit formuliert, in der die neue Weimarer Republik mit Aufständen und Putschversuchen konfrontiert war. Wer im Staat diese Geschehnisse zu beenden vermochte, war durchaus noch nicht abzusehen. Man kann Schmitts Definition in diesem Licht rezipieren, als Erneuerung eines alten Begriffs für brandaktuelle Zeiten. Dass Schmitt »im Brennpunkt München«[13] hautnah in die Ereignisse involviert war, ist heute, wo die biographischen Schilderungen vorliegen, ein zusätzliches Argument für diese Auslegung. Gleichwohl vermag sie nicht zu überzeugen. Neben der offensichtlich grundlegenden Neuausrichtung des Souveränitätsbegriffs spricht gegen eine enge Zeitgebundenheit seiner Begriffsbildung die Tatsache, dass Schmitt den rechtswissenschaftlichen Gehalt der Definition in seiner großen Diktatur-Monografie vorbereitet und später durch zahlreiche Arbeiten vertieft und in verschiedenen politischen Kontexten versucht hat fruchtbar zu machen. Sowohl sein politisches und juristisches Engagement am Ende der Weimarer Republik als auch das zu Beginn des Nationalsozialismus stehen, wenn auch sehr vermittelt, unter dem Signum der Definition. Die Motive für die Neuausrichtung des Souveränitätsbegriffs gehen also

[13] Reinhard Mehring: *Carl Schmitt zur Einführung*. Hamburg 1992, S. 56.

über die Rezeption politischer Vorgänge kurzfristiger Natur weit hinaus.

Ein weiteres Argument gegen eine verkürzt zeitgeschichtliche Lesart der Definition ist Schmitts grundsätzlich geringes Vertrauen in die Stabilität staatlicher Rechtsordnung, das nicht auf die frühen zwanziger Jahre begrenzt werden kann. Diese Einschätzung tritt einem schon in der Diktatur-Monografie deutlich entgegen. Berühmt ist seine Diagnose des permanenten Ausnahmezustands. »Der von Stände- und Klassenkämpfen erschütterte Staat ist seiner Konstitution nach in einem fortwährenden Ausnahmezustand.«[14] Das Misstrauen dominiert auch noch, wenn auch auf andere Art, seine Studie zum Hobbesschen Leviathan. Er sieht dort intermediäre Kräfte am Wirken, die den souveränen Staat langsam von Innen zerstören.[15] Hobbes hatte mit seiner klassischen Souveränitätslehre dem einmal begründeten bürgerlichen Staat eine lange Lebensdauer unterstellt, er nannte ihn zwar sterblich, jedoch auch einen Gott, zielte auf eine »künstliche Unsterblichkeit«[16]. Dagegen steht Schmitts Auffassung, dass die vom Souverän garantierte staatliche Ordnung keine von Dauer ist. Die Beendigung des bellum omnium contra omnes sei nachhaltig nicht zu leisten. Ein solches Misstrauen entsteht nicht aus kurzfristigen Alltagserfahrungen, es liegt tiefer.

In einem ganz anderen Sinne muss Schmitts Definition der Souveränität hingegen tatsächlich als zeitgebunden angesehen werden. Er hat seine Definition nach

---

[14] *DD*, S. 22.

[15] *DL*, S. 91 ff.

[16] Friedrich Balke: *Figuren der Souveränität*. München 2009, S. 56.

Politische Theologie nirgends in dieser Klarheit und Radikalität vertreten und zur Anwendung gebracht. Momente der Definition sind in seine Schriften und Gutachten eingeflossen. Seine Auslegung des Art. 48 der Weimarer Reichsverfassung mit ihrer Unterscheidung von Gesetz und Maßnahme sowie seine politischen Stellungnahmen zu den Notverordnungen am Ende der Weimarer Republik sind ohne die Definition nicht zu verstehen, ebenso wenig die Figur eines Hüters der Verfassung oder die jenes Führers, der das Recht schützt. Aber alle Anwendungen aktivieren dennoch nur ausgewählte Aspekte des Souveränitätsbegriffs. Sicher hat diese Zurückhaltung auch damit zu tun, dass die Vorstellung einer personalen Souveränität in der Weimarer Republik rechtsdogmatisch nicht möglich war. Die Verfassung bekannte sich zur Volkssouveränität, deren Gewalt durch staatliche Repräsentanten ausgeübt wird. Schmitt erkennt diesen Sachverhalt in seiner Verfassungslehre ausdrücklich an[17]. Entgegen seiner Auffassung aus *Politische Theologie*, dass ein liberaler Rechtsstaat einen Notfall nicht zu erkennen vermag, gesteht er diesem nun sogar die Fähigkeit zur Ausübung »apokrypher Souveränitätsakte[n]«[18] zu, also ein souveränes Handeln im Rahmen der ordentlichen Gesetzgebung. Im Artikel zur Diktatur im Staatslexikon der Görres-Gesellschaft[19] wird die Definition dann komplett ignoriert. Das waren alles notwendige Anpassungen an die Herausbildung des liberal-demokratischen Verfassungsstaats. Ein Bekenntnis zu einer Souveränität im Sinne der Definition hätte Schmitt in

---

[17] *VL*, S. 23.

[18] *VL*, S. 108.

[19] *SG*, S. 33 ff.

dieser Situation ins juristische Abseits befördert. Interessanterweise ist dieser Rückzug nicht aufgefallen. Das mag auch daran gelegen haben, dass die Definition in *Politische Theologie* nicht als Bestandteil geltender Rechtsdogmatik vorgestellt wurde, sondern im Kontext eines übergreifenden Staatsrechtsverständnisses, an dem auch die Klassiker Hobbes und Bodin teilhaben und das Schmitt später als »Jus Publicum Europaeum«[20] rubrizierte.

IV

Die neue Aufgabenteilung von verfassungsstaatlich geprägter Normalität und souveränem Ausnahmezustand führt Schmitt dazu, die Kernkompetenz der Souveränität entsprechend zu ändern. Im klassischen Begriff war stets die Gesetzgebung der Ausdruck souveräner Gewalt, nach Bodin »das hervorragendste Merkmal der fürstlichen Souveränität«.«[21] Mit dem Zugeständnis, dass die Gesetzgebung im modernen Verfassungsstaat nicht mehr als Ausfluss souveräner Macht verstanden werden kann, definiert Schmitt mit der Umschaltung auf den staatlichen Notfall etwas anderes als souveräne Kernkompetenz. Nicht die Gesetzgebung, sondern die Suspension von Gesetzen ist nun das Kennzeichen souveräner Macht. Die Suspension kann bis zur Außerkraftsetzung der gesamten Verfassung reichen, die »in toto suspendiert werden kann«[22]. Die Suspension schafft jenen Freiraum, der erforderlich ist, um ohne gesetzliche oder

[20] *NE*, S. 111.

[21] Jean Bodin, Über den Staat. Stuttgart 1999, S. 42ff.

[22] *PT*, S. 13.

verfassungsrechtliche Bindungen den Notstand zu bewältigen. Souveränes Handeln ist dann ein rein sachtechnisches und allein am Erfolg ausgerichtet, es ist selbst nicht rechtsförmig und nur an der tatsächlichen Bewältigung des Notstands orientiert.

Interessanterweise versucht Schmitt die Suspension von Gesetzen bereits bei den Klassikern als Kernkompetenz souveräner Gewalt auszuweisen. Insbesondere Bodins Souveränitätsbegriff hat er dabei im Blick. Die recht abenteuerliche Weise, auf die er Bodins Lehre uminterpretiert, ist allerdings wider Willen eher geeignet, die Umschaltung auf die Gesetzessuspension als Schmitts Einfall herauszustellen, als sie dem Klassiker unterzuschieben. Für Schmitt ist das wesentliche und neue von Bodins Souveränitätslehre nicht seinen berühmten und gern zitierten Definitionen abzulesen, sondern den Ausführungen zu den wahren Kennzeichen der Souveränität, wo eher deutlich werde, was bei Bodin unter der absoluten Gewalt eines Souveräns zu verstehen sei. Hier gehe es immer um die Frage, inwieweit der Souverän an die Gesetze gebunden ist und ob er eingegangene Verpflichtungen gegenüber den Ständen einhalten müsse. Der Kern von Bodins Haltung zeige sich dann darin, dass er beides verneine, aber nicht grundsätzlich, denn der Souverän sei natürlich an das Naturrecht und die allgemeinen Gesetze gebunden, nur nicht im Notfall, wenn die Interessen des Volkes gefährdet seien. Im Ausnahmefall also darf bereits der Bodinsche Souverän zur Verteidigung der Belange des Staatsganzen das Gesetz brechen. Um die Fokussierung auf das Brechen der Gesetze mit Bodins Definition der Souveränität kompatibel zu machen, unterwirft Schmitt dessen Aufzählung, wonach der Souverän »den

Untertanen das Gesetz vorzuschreiben, unzweckmäßige Gesetze aufzuheben oder für ungültig zu erklären, und durch neue zu ersetzen«[23] befugt ist, einer selektiven Deutung. Er verkürzt Bodins Liste und nimmt nur einen Teil dieser Kompetenzen in den Blick, nämlich »die Befugnis, das geltende Recht aufzuheben«[24]. Von der Gesetzgebung ist nicht länger die Rede. Die Aufhebung der Gesetze zerfällt bei Schmitt dann in zwei Arten von Aufhebung, eine »generell«[25] verfahrende und eine »im einzelnen Fall«[26]. Ersteres passt noch zur traditionellen Vorstellung einer Gesetzgebungskompetenz und adressiert die ordentliche Änderung von Gesetzen. Schmitt interessiert sich allerdings nur für die zweite Variante, die Aufhebung im einzelnen Fall. Mit dieser Argumentation ist diese Art Aufhebung von Gesetzen für ihn zum eigentlichen Kern der souveränen Gesetzgebungskompetenz geworden. Die Gesetzgebungskompetenz ist als Suspensionskompetenz identifiziert. Es ist dann nicht ohne Konsequenz, dass auch die Abhängigkeit der anderen Souveränitätsrechte entsprechend gelesen wird. Hatte Bodin die Merkmale der Souveränität auf das Recht zur Gesetzgebung zurückgeführt, so bringt Schmitt seine Umdeutung nun ohne Zögern zu der These, dass Bodin aus der souveränen Suspensionskompetenz »alle anderen Merkmale (…) ableiten will«[27]. Die Umdeutung vermag ob ihrer selektiven Lesart nicht zu überzeugen. Es ist etwas

---

[23] Jean Bodin: *Sechs Bücher über den Staat.* 2. Bd., München 1981, 1. Bd., S. 210.

[24] *PT*, S. 15.

[25] *PT*, S. 15.

[26] *PT*, S. 15.

[27] *PT*, S. 15.

anderes, einem Souveränitätsbegriff die Notfallkompetenz zuzugestehen, als ihn über den Notfall zu definieren. Womöglich scheute Schmitt davor zurück, die volle staatsrechtliche Verantwortung für seine Neudefinition der Souveränität zu übernehmen. Wie dem auch sei. In einem späten Brief beschwerte er sich, dass jemand in seiner Lehre des Ausnahmezustand »an sich nichts neues«[28] gefunden habe. Seine Entgegnung: »so bagatellisiert einer das mühevolle Ergebnis erbitterter Arbeit«[29]. Am Ende hat er die Vaterschaft seiner Souveränitätsdefinition dann doch nicht bestritten und für sich reklamiert.

V

Die Theoretiker des klassischen Souveränitätsbegriffs haben die Kompetenz, Gesetze nach eigenem Gutdünken zu erlassen und auch wieder außer Kraft zu setzen, als die Schlüsselkompetenz der souveränen Gewalt beschrieben. Schmitt übernimmt diese Freiheit nun für seinen Ausnahmesouverän. Auch dieser ist in der Ausübung seiner Kompetenz vollkommen frei, er entscheidet eigenständig und ohne Abhängigkeit von anderen Instanzen. »Voraussetzung wie Inhalt der Kompetenz sind hier notwendig unbegrenzt.«[30] Diese Unabhängigkeit ist im Kontext von Schmitts Doppelstrategie primär eine von staatlichen Rechtsnormen, die der Entscheidung über den Bestand

[28] Reinhart Koselleck, Carl Schmitt: *Der Briefwechsel.* Frankfurt 2019, S. 242.

[29] *Ebd.*

[30] *PT*, S. 12.

einer Bedrohung und darüber, ob eine Suspension von Gesetzen erforderlich ist, nicht länger im Wege stehen. Der Souverän führt die Aktionen durch, die zur Beseitigung des Notfalls erforderlich sind, um anschließend die Suspensionen aufzuheben und die Rechtsnormen des Staates wieder in Geltung zu setzen.

Schmitts Adaption der freien Gesetzgebungskompetenz des klassischen Souveräns unterschlägt, dass diese Gesetzgebungskompetenz nie vollkommen frei war. Die beiden Klassiker der Souveränitätstheorie, Thomas Hobbes und Jean Bodin, haben Begrenzungen der souveränen Macht vorgesehen. Beide hielten die Beachtung der göttlichen und natürlichen Gesetze durch den Souverän für verbindlich. Das glich zwar eher einem »moralischem Appell«[31], aber die Einwirkung auf die Legitimität und das Handeln des Souveräns sollte nicht unterschätzt werden. Konkreter wiegt Bodins Forderung, dass der Souverän an die von ihm geschlossenen Verträge gebunden ist. Auch das passive Widerstandsrecht wird zugestanden. Ob man diese Begrenzungen zu der These ausweiten kann, »Bodins Souverän [stehe] über dem Gesetz, aber nicht über dem Recht«[32], ist allerdings fraglich. Eher waren es pragmatische Rücksichtnahmen auf »die eingewurzelten Rechtsüberzeugungen seiner Zeitgenossen«[33]. Bei Hobbes lassen sich analoge Begrenzungen finden. Dass der Souverän nur Gehorsam erwarten kann, solange er Schutz bietet, also den bürgerlichen Frieden erhalten kann, und der Bürger im gegenteiligen Fall das natürliche

---

[31] Peter Cornelius Mayer-Tasch: *Jean Bodin*. Stuttgart 2010, S. 38.

[32] Dieter Grimm: *Souveränität*. Berlin 2009, S. 25.

[33] Helmut Quaritsch: *Souveränität*. Berlin 1986, S. 52.

Recht hat, sich der souveränen Macht zu entziehen, gehört zu den begrenzenden Momenten. Für Hobbes und Bodin gilt jedoch gleichermaßen, dass ein rechtliches Einklagen nicht möglich ist. Es „fehlen die Wächter“[34].

Die Definition der Souveränität kennt solche substanziellen Begrenzungen nicht. In seiner Diktatur-Monografie hat Schmitt zunächst noch versucht, die Begrenzung von gesetzsuspendierenden Aktionen über eine formale Bindung zu realisieren, er unterwarf sie einer »Dialektik der Rechtsverwirklichung«[35]. Es werden Normen einer Rechtsordnung suspendiert, um den Bestand jener Rechtsordnung zu verteidigen, die die suspendierten Rechtsnormen repräsentiert. Es gilt, »dass gerade die Norm negiert wird, deren Herrschaft durch die Diktatur in der geschichtlich politischen Wirklichkeit gesichert werden soll«[36] Eine solche Rechtfertigung setzt voraus, dass suspendierende Aktionen aus einer bestehenden Rechtsordnung heraus durchgeführt werden und der Verteidigung exakt dieser Rechtsordnung dienen. Die suspendierenden Aktionen sollen derart die bestehende Rechtsordnung bestätigen, sodass substanzielle rechtliche Begrenzungen nicht erforderlich sind. Schmitt hat dieses Modell in seiner Diktatur-Monografie nicht nur auf die Suspension einer bestehenden Verfassung, den Fall der kommissarischen Diktatur, sondern auch auf die revolutionäre Beseitigung der Verfassung, die souveräne Diktatur, angewendet. Sein Exempel war die Suspension und Nicht-Wiedereinsetzung der französischen

[34] *Ebd.*, S. 54.

[35] Hasso Hofmann: *Legitimität gegen Legalität*. Berlin 1992, S. 58.

[36] *DD*, S. XVI.

Verfassung von 1793 durch die revolutionäre französische Regierung. Diese berief sich auf den pouvoir constituant des Volkes, dessen Ausübung durch Krieg und Gegenrevolution verhindert war und der nun durch die Regierung selbst ausgeübt wurde. Entscheidend war für Schmitt, dass die Beseitigung der Verfassung durch den Bezug auf den pouvoir constituant keine »bloße Machtfrage«[37] war, sondern ebenfalls im Sinne einer Dialektik der Rechtsverwirklichung verstanden werden konnte. Die Verfassung wurde beseitigt, damit der pouvoir constituant ausgeübt werden kann. Der pouvoir constituant war der letzte Bezugspunkt, das »Minimum an Verfassung«[38], das die Logik dialektischer Rechtsverwirklichung sichert.

Die Definition der Souveränität verabschiedet sich von dieser Bindung an eine bestehende Rechtsordnung. Die Entscheidungskompetenz des Ausnahmesouveräns erstreckt sich jetzt auch auf die Art der Rechtsordnung. Denn die Frage, ob die Rechtsordnung bedroht ist, beruht auch auf einer Einschätzung des Zustands der Rechtsordnung. Wer hier frei entscheiden kann, der definiert naturgemäß über seine Einschätzung einer Störung indirekt auch über den normativen Gehalt dieser Rechtsordnung, darüber, worin diese Rechtsordnung als ungestörte besteht. Der Souverän hat »also definitiv zu bestimmen, was öffentliche Ordnung und Sicherheit ist, wann sie gestört wird«[39]. Es ist vollkommen konsequent, wenn ein derart von allen rechtlichen Vorgaben emanzipierter Verteidiger einer Rechtsordnung auch als deren Schöpfer

---

[37] *DD*, S. 137.
[38] *DD*, S. 145.
[39] *PT*, S. 15.

bezeichnet wird. Schmitt bringt das bekanntlich auf die knappe Formel: »Auch die Rechtsordnung, wie jede Ordnung, beruht auf einer Entscheidung und nicht auf einer Norm«[40]. Anders als unter der Logik einer Dialektik der Rechtsverwirklichung ist der Ausnahmesouverän Herr über die Art und den Inhalt der Rechtsordnung.

Schmitt übernimmt mit der freien souveränen Entscheidung über die Rechtsordnung jene Rechtsetzungskompetenz, die er dem Souverän im System des Thomas Hobbes zuschreibt. Auch Hobbes war nach seiner Auffassung zur Schaffung der Rechtsordnung an kein Recht gebunden, sondern schuf dieses allererst durch seine Entscheidung. Für Hobbes gälte, »dass es vor dem Staat und außerhalb des Staates kein Recht gibt und der Wert des Staates gerade darin liegt, dass er das Recht schafft, indem er den Streit um das Recht entscheidet.«[41] Schmitt versteht die souveräne Entscheidung über den Ausnahmezustand analog. Der Ausnahmezustand kann als Behebung eines Streits um das Recht gelesen werden, den der Souverän durch die Schaffung einer auf seiner Entscheidung beruhenden Rechtsordnung behebt. Welche Rechtsordnung das ist, kann im Vorhinein nicht bestimmt werden, es kann die alte oder eine neue sein.

---

[40] *PT*, S. 16.

[41] *DD*, S. 24.

VI

Die souveräne Entscheidung über die Rechtsordnung ist als ein Paradox, als »circulus vitiosus«[42] bezeichnet worden, weil sie die Rechtsordnung, die sie verteidigt, durch die freie Entscheidung über den Ausnahmezustand allererst definiert. Das Recht wird suspendiert, für welches Recht es suspendiert wird, klärt sich erst nach der Suspension selbst. Schmitt hat diesem Eindruck des Paradoxen mit einer schönen Formulierung Vorschub geleistet. Sie bezieht sich nicht auf den souveränen Ausnahmezustand, sondern auf die ordentliche Gesetzgebung im souveränen Staat, aber die dort getroffenen Aussagen über das staatliche Interesse gelten natürlich auch für die souveräne Setzung der Rechtsordnung. »Dem Gesetz«, so schreibt Schmitt, »das seinem Wesen nach ein Befehl ist, liegt eine Entscheidung über das staatliche Interesse zugrunde, aber das staatliche Interesse besteht erst dadurch, dass der Befehl ergeht."[43] In den Kontext des souveränen Ausnahmezustand übersetzt, formuliert Schmitts Einlassung exakt die angesprochene paradoxe Situation. Die souveräne Entscheidung über den Ausnahmezustand dient einer Verteidigung der Rechtsordnung, aber die zu verteidigende Rechtsordnung entsteht erst durch die souveräne Entscheidung über den Ausnahmezustand. Die Auflösung des Paradoxes liegt im Wort »aber« des Satzes, denn Schmitt ist natürlich der Auffassung, dass das staatliche Interesse wie auch eine Rechtsordnung in der Tat erst durch die souveräne Entscheidung entstehen. Ihm

[42] Hasso Hofmann: *Legitimität gegen Legalität*. Berlin 1992, S. 69.

[43] *DD*, S. 23.

scheint das nicht als paradox, weil die Entscheidung über die Verteidigung einer Rechtsordnung sich nicht durch den Bezug auf eine bestimmte, vorher schon bestehende Rechtsordnung rechtfertigen kann, denn diese steht durch den Notfall ja in Frage, sondern nur durch ihren Zweck, zur Beendigung des Ausnahmezustands überhaupt eine Rechtsordnung zu schaffen. Schmitt hat diesen logischen und zeitlichen Zusammenhang von Entscheidung und Legitimation bereits in seiner frühen Schrift *Gesetz und Urteil* pointiert auf den Begriff gebracht: »Das woran sich die Entscheidung legitimiert, liegt nicht vor ihr, [...] sondern ist [...] erst zu bewirken«[44]

Im Kontext der Definition der Souveränität könnte man die rechtsordnungsschaffende Kompetenz von der geschaffenen Rechtsordnung selbst unterscheiden Es läge dann ein Rechtsdualismus vor. Es wird ein Recht des Staates, im Ausnahmezustand Rechtsordnung und Souveränität zu bestimmen, unterschieden vom normativen Recht, das durch diese Akte gesetzt wird. In dem paradoxen Spruch, dass der Souverän »um Recht zu schaffen, nicht Recht zu haben braucht«[45] kommt dieser Dualismus gut zum Ausdruck. Die Rechtsetzungskompetenz, die der Souverän hier für sich reklamiert, ist Recht in einem anderen Sinne, als es die Normen sind, die er durch seine Entscheidung suspendiert, und auch in einem anderen Sinne, als das Recht, das er durch seine Entscheidung schafft. Das Recht des Souveräns, also das Recht, das er hat, ist hier – pointiert gesprochen - ein anderes als das, das er nicht hat. Der Souverän gründet seine

---

[44] *GU*, S. 97/98.

[45] *PT*, S. 20.

Entscheidung auf die Aufgabe, den Streit um das Recht, den rechtlosen Zustand im Ausnahmezustand zu beenden. Dies ist sein Recht. Diese Aufgabe zieht ihre Legitimation nicht aus dem geltenden Recht und auch nicht aus dem, das eine Streitpartei als geltendes oder als zu gelten habendendes Recht identifiziert. Sie zieht ihre Legitimation auch nicht aus dem zu schaffenden Recht, das im Ausnahmezustand allererst entsteht. Sie ist als rechtliche unabhängig von diesen beiden Sphären positiven Rechts und selbst auch nicht Bestandteil des positiven Rechts. Gleichwohl schafft sie dieses Recht. Schmitt hat diesen Dualismus in die schöne Formulierung gebracht, der Souverän »stehe außerhalb der normal geltenden Rechtsordnung und gehört doch zu ihr«[46]. Bei Hobbes ist ein analoger Dualismus vorhanden. Nur ist es bei ihm keiner innerhalb des Staates. Er ist getrennt in die beiden Sphären Staatsgründung und souveräne Gesetzgebung. Das eine Recht meint die Staatsgründung, die sich aus dem natürlichen Recht und durch die Zustimmung der Bürger rechtlich legitimiert, das andere das vom Souverän gesetzte Recht, das verbindlich gilt und mit dem Recht der Souveränitätsbegründung nicht verwechselt werden darf. Bei Schmitt sind die beide Rechtssphären, das Recht des Souveräns und das Recht, das er setzt, im souveränen Ausnahmezustand ununterscheidbar zusammengeführt. Schmitt vermeidet einen Dualismus, der einem analytischen Blick jedoch nicht entgehen kann.

Um eine freie souveräne Entscheidung über die Rechtsordnung juristisch ohne Dualismus zu ermöglichen, hat Schmitt den Begriff der normalen Situation eingeführt. Die normale Situation ist keine herrschaftssoziologische

---

46 *PT*, S. 13.

Kategorie, die normativ neutrale und rein sachliche Bedingungen der Rechtsgeltung benennt, also Ruhe und Ordnung, Funktionieren der staatlichen Instanzen etc. Was sie bedeutet, kann am besten am Komplementärbegriff, an dem der faktischen Geltung erläutert werden. Die Begriffe der faktischen Geltung und der normalen Situation formulieren beide ein Verhältnis von Recht und Wirklichkeit, aber auf unterschiedliche Weise. Während die faktische Geltung die Beziehung aus der Perspektive des Rechts in den Blick nimmt und fragt, ob bestimmte Rechtsnormen in der Wirklichkeit faktisch befolgt werden, fokussiert die normale Situation auf die Wirklichkeit und fragt, ob die bestehende Wirklichkeit eine ist, in der bestimmte Rechtsnormen gelten können. Im Sinne des Begriffs der normalen Situation ist es dann die Aufgabe des Ausnahmezustands, eine äußere Situation zu schaffen, »in der Rechtssätze gelten können«[47]. Auf den ersten Blick scheint das eine Neuformulierung der Dialektik der Rechtsverwirklichung aus der Diktatur-Monografie zu sein. Die Rechtsnormen einer bestimmten Rechtsordnung werden suspendiert, bis die Wirklichkeit durch Aktionen des Ausnahmesouveräns wieder eine ist, in der die betreffenden Rechtsnormen gelten können. Auf den zweiten Blick verliert der Begriff aber den Bezug auf eine je bestimmte, zu verteidigende Rechtsordnung und bringt die passende Rechtfertigung für die freie souveräne Entscheidung über die Rechtsordnung. Wer über die passende Wirklichkeit einer Norm entscheiden kann, der kann auch via Wirklichkeitsentscheidung über die passende Norm entscheiden. Die normale Situation sieht – wie Schmitt sagt – ganz anders aus, je nachdem ob eine

[47] *PT*, S. 19.

»militärische Bürokratie, eine von kaufmännischem Geist beherrschte Selbstverwaltung oder eine radikale Parteiorganisation darüber entscheidet«[48]. Die normale Situation fokussiert sich nicht auf eine bestimmte zu verteidigende Rechtsordnung, sondern gibt durch die Benennung nur mehr rein formeller Voraussetzungen rechtlicher Geltung jeder möglichen, durch souveräne Entscheidung gesetzten Rechtsordnung Legitimität. Einzige Voraussetzung ist, dass mit der Durchsetzung einer Rechtsordnung eine entsprechend geartete normale Situation hergestellt wird.

VII

Die freie souveräne Entscheidung über die Rechtsordnung legt das Auftreten eines institutionalisierten und sichtbaren Souveräns nahe. Eine Einzelperson oder eine Versammlung kann im Kontext der Verfassungsordnung als Souverän identifiziert werden und erhält dadurch die Kompetenz, im Ausnahmefall über die Rechtsordnung zu entscheiden. Die Schmittsche Doppelstrategie zur Rettung der Souveränität geht aber wie bereits erwähnt davon aus, dass ein derart institutionalisierter Souverän im modernen Verfassungsstaat gar nicht mehr vorhanden ist. »Alle Tendenzen der modernen rechtsstaatlichen Entwicklung gehen dahin, den Souverän in diesem Sinne zu beseitigen.«[49] Der Souverän erscheint erst im Notfall. Die Definition der Souveränität ist – um es nochmals zu

---

[48] *PT*, S. 15.
[49] *PT*, S. 13.

betonen – gleichwohl syntaktisch so formuliert, dass sie beide Fälle abdeckt. Sie unterliegt einer doppelten Lesart. Sie kann als Kompetenzerteilung an einen bestehenden Souverän verstanden werden, aber auch als Kompetenzaneignung durch eine staatliche Instanz, die dann souverän wird. Der Satzteil »Souverän ist, wer« bringt diese Kompetenzaneignung als zweite Lesart der Definition deutlich zum Ausdruck. Für den Fall, dass die Verfassungsordnung keinen Souverän vorsieht, betritt dieser tatsächlich erst im Notfall durch seine souveräne Entscheidung über den Ausnahmefall die Bühne. Auch wenn der Auftritt des neuen Souverän primär seiner Macht zu verdanken ist, dieses Amt auszufüllen, wird sein Erscheinen dennoch nicht immer ein harter Bruch sein. Das Sichtbarwerden der Souveränität kann eine Note des Erschaffens, des Entstehens einer vorher nicht existierenden Souveränität enthalten, ohne den Eindruck eines radikalen Wandels, wenn etwa die Initiative von einem anerkannten Staatsamt ausgeht. Der neu sich zeigende Souverän kann aber auch ein revolutionärer sein, der aus einer staatlichen Instanz heraus eine vollkommene Umwälzung der Rechtsordnung initiiert.

Diese doppelte Lesart der Definition ist auch an den Vorformulierungen ablesbar, die sich in Schmitts Diktatur-Monografie finden. Insbesondere wird hier deutlich, dass beide Lesarten nicht etwa einer sachlichen Unschärfe entspringen, sondern zwei inhaltlich unterscheidbare Momente der Definition darstellen. Schmitt hat die beiden Momente seiner Definition dort auf zwei Thesen gebracht, die jeweils nur eine der Lesarten repräsentieren, einmal die juristische, dann die machtorientierte. Während die eine der Thesen auf die juristische Kompetenz referenziert, thematisiert die andere die Konstitution einer neuen souveränen Macht im Ausnahmezustand. An der ersten der in Rede stehenden Textstellen verteidigt Schmitt die rechtlich unbeschränkte, allein dem eigenen Ermessen unterworfene Handlungsvollmacht im Ausnahmezustand, indem er sie im Kompetenzfeld einer bestehenden Souveränität verortet. »Juristisch kommt doch nur in Betracht, dass darüber, ob der Ausnahmefall gegeben ist, immer der Inhaber der Machtvollkommenheit selbst entscheidet.«[50] Indem der Begriff des Juristischen an den Anfang des Satzes gestellt wird, betont Schmitt, dass er hier an einen juristischen Kompetenzträger denkt, mithin an eine instituierte Macht, deren Träger sichtbar und bekannt ist und die ganz selbstverständlich als Autor souveräner Handlungen wahrgenommen werden kann. Ganz anders ist die Textstelle gelagert, die der ersten unmittelbar folgt. Sie referenziert auf Schmitts Wissen darum, dass die souveräne Kompetenz zur Ausnahme auch den Besitz effektiver Machtmittel voraussetzt, nicht allein auf juristische Kompetenzen zu reduzieren ist. Die Entscheidung über den Ausnahmezustand ist aus dieser Perspektive das Durchsetzungsmittel eines Machthabers. »Wer den Ausnahmezustand beherrscht, beherrscht daher den Staat, denn er entscheidet darüber, wann dieser Zustand eintreten soll und darüber, was dann nach Lage der Sache erforderlich ist.«[51] Hier wird nicht auf die juristische Kompetenz abgestellt, das Justizielle des Vorgangs betont, sondern es wird ganz unjuristisch von der Herrschaft über den Ausnahmezustand gesprochen, der einem Herrscher die Macht über den Staat übergibt. Der

---

[50] *DD*, S. 17.

[51] *DD*, S. 18.

erfolgreiche Ausnahmezustand macht hier den Souverän. In der finalen Version aus *Politische Theologie* werden diese beiden Momente, die Kompetenzerteilung und die Kompetenzaneignung, auf eine Formel gebracht, in der sie dann nur mehr analytisch unterscheidbar sind.

Zur Entscheidung über die Rechtsordnung tritt mit der doppelten Lesart nun also auch die Entscheidung über den Souverän hinzu. Beides, Souverän und Rechtsordnung, können im Ausnahmezustand bestätigt, erneuert oder allererst hervorgebracht werden. Um die Konsequenzen dieser Erweiterung zu verstehen, ist erneut ein Blick auf den Hobbesschen Leviathan instruktiv. Auch Hobbes kannte den Zustand einer Gefährdung der Rechtsordnung, derer sich der herrschende Souverän zu erwehren hatte. Aber es war ihm nicht denkbar, dass diese Gefährdung zum kompletten Austausch der Rechtsordnung oder gar der souveränen Person führen kann. Solche Zerfallsprozesse und Neukonstituierungen transzendierten den Hobbesschen Staat. Im Ernstfall zerfällt seine Macht und es ist eine Neugründung erforderlich, durch »Einigung«[52] oder »Aneignung«[53]. Bei Schmitt steht für die Verteidigung und Neugründung von Souveränität ein gänzlich anderes Vorgehen. Er glaubt, dass der Zerfall und die Restitution einer Rechtsordnung oder der Wechsel der Souveränität ohne den Zerfall der staatlichen Ordnung stattfinden kann, sich also innerhalb des kontinuierlich fortbestehenden Staates vollzieht. Im Ausnahmezustand mag alles fallen, die Rechtsordnung, der Souverän, die staatliche Ordnung aber, sie muss um jeden Preis erhalten werden. Es »ist klar, dass der Staat bestehend

---

[52] Thomas Hobbes: *Leviathan.* Hamburg 1996, S. 146.

[53] *Ebd.*

bleibt, während das Recht zurücktritt«[54]. Der Staat und sein juristisches Instrumentarium müssen auch im souveränen Ausnahmezustand existent bleiben. Es »besteht im juristischen Sinne immer noch eine Ordnung, wenn auch keine Rechtsordnung.«[55] Der Begriff der Souveränität setzt den Begriff des Staates voraus. Dadurch kann das Hobbessche Szenario einer Neugründung aus dem wieder eingetretenen Naturzustand heraus vermeiden werden, wie natürlich auch die Rückkehr des Naturzustands selbst. Beides sind Horrorszenarien, gegen die der ausnahmezustandsbewehrte Staat anzugehen hat. Im Grunde ersetzt Schmitt die lineare Abfolge von initialer Herstellung von Ordnung durch Konstitution von Souveränität und anschließend herrschender bürgerlicher Ordnung, die das klassische Modell auszeichnet, durch ein zyklisches Modell, das die grundsätzliche Verteidigung von Rechtsordnung und die Souveränitätskonstitution als immer wieder zu durchlaufende Phase im Staat begreift. Der Staat erhält den Auftrag, das bellum omnes contra omnia mit juristischen Mittel zu verhindern. Er bleibt auch im extremen Fall verantwortlich.

Die Annahme einer Kontinuität des Staates im Ausnahmefall ist der Grund, weshalb Schmitt den Dualismus von Gründung und Ausübung von Souveränität nicht als getrennte Vorgänge konzipiert hat. Es passiert beides im Staat. Die sich unterscheidenden Legitimationen von Gründung und Ausübung hat er versucht, durch den abstrakten Ankerbegriff der normalen Situation, die herzustellen sei, begrifflich unter eine Legitimation zu bringen. Die paradoxen Formulierungen, zu denen er in den

---

[54] *PT*, S. 18.

[55] *PT*, S. 19.

Ausführungen gezwungen ist, zeigen jedoch, dass der Rechtsdualismus, den die beiden Legitimationen begründen, zumindest analytisch in der Konstruktion der Souveränitätsdefinition aufgezeigt werden kann.

Schmitt führt die Staatsrechtslehre mit seiner Vorstellung eines innerstaatlichen Austauschs von Rechtsordnung und Souveränität in Bereiche hinein, die die meisten Staatsrechtslehrer gerne außerhalb der Sphäre des Juristischen belassen und als Angelegenheit politischer Machtkämpfe abgrenzen wollen, aus denen sich die Juristen herauszuhalten haben. Die Aversion, sich dem Politischen zu stellen, ist so hoch, dass bereits die Notstandsfrage oft als jenseits des Juristischen einkategorisiert wird. Schmitt zitiert hier beispielhaft den Staatswissenschaftler Robert Mohl mit den Worten, »die Prüfung, ob ein Notstand vorliege, könne keine juristische sein«[56]. Für Schmitt sind solche Positionen Kompetenzverweigerungen des juristischen Standes, eine Flucht aus der juristischen Verantwortung. Seine Juridifizierung nicht nur des Notstands, sondern auch des Austauschs von Rechtsordnung und Souveränität geht über eine juristische Beurteilung eines Notfalles weit hinaus. Aber auch hier will er die Juristen nicht aus Ihrer Verantwortung entlassen. Er möchte für keinen Aspekt des Politischen auf die Kompetenz der Juristen verzichten und nicht der Macht des Außerjuristischen das Feld zu überlassen, zumal in Fragen, in denen es wesentlich um die Rechtsordnung und die Position der Souveränität geht. Das Staatsrecht hört nicht auf. Das ist das Ethos seiner Souveränitätsdefinition.

---

[56] *PT*, S. 5.

VIII

Indem Schmitt die Verhinderung des Rückfalls in den Naturzustand zur Sache des institutionalisierten Staates macht, wird jene Legitimation des Staates überflüssig, die die klassischen Souveränitätslehren immer mit sich geführt haben. Bei Hobbes war die Einsetzung einer souveränen Gewalt nicht nur ein Gebot der natürlichen Vernunft zur Erreichung des Friedens, sondern sie musste von den Bürgern durch Vertrag oder Unterwerfung bestätigt werden. Die Einsetzung der Souveränität unterlag einer definierten Legitimierung. Die Akte der souveränen Gewalt blieben an diese Legitimation gebunden und es war ein Recht der Natur, den Staatsverband zu verlassen, wenn das Versprechen von Schutz und Gehorsam nicht mehr erfüllt werden kann.[57] Bei Schmitt ist eine legitimierende Involvierung der Einzelnen nicht vorgesehen. Die Staatsmaschine läuft kontinuierlich weiter, sie verhindert den Rückfall in den Naturzustand, bestimmt Rechtsordnungen und Souveräne, ohne je irgendjemanden mit Legitimitätsfragen zu behelligen.

Wenn die Definition der Souveränität die Rechtsordnung und den Souverän zur Disposition stellen, deren Bestand von der Fähigkeit zur Herstellung einer normalen Situation abhängig machen, sie andernfalls zur vergangenen Geschichte machen, dann folgt daraus, dass kein Souverän und keine Rechtsordnung für sich eine eigenständige Legitimität beanspruchen kann. Beide erhalten sie erst, wenn sie sich im Staat erfolgreich durchsetzen. Hinsichtlich Rechtsordnung und Souveränität herrscht ein

[57] Thomas Hobbes: *Leviathan*. Hamburg 1996, S. 283.

konsequent positivistischer Agnostizismus. Der je positive Souverän ist der legitime Souverän, die je positive Rechtsordnung ist die legitime Rechtsordnung. Dies schließt ein, dass jederzeit eine andere Rechtsordnung und ein anderer Souverän in die Position der Legitimität treten kann. Für sich selbst haben weder Souverän noch Rechtsordnung eine Legitimität. Wie bei jedem Positivismus wird hier die absolute Verbindlichkeit mit der maximalen Wandlungsfähigkeit kombiniert. Deshalb kann Schmitt lapidar eine Reihe von Souveränitätskandidaten aufstellen: Gott, Kaiser, Volk[58]. Alle sind möglich, die Liste ließe sich sicher noch um eine souveräne Versammlung und anderes ergänzen.

Schmitts Agnostizismus macht noch einmal deutlich, dass sein Fokus nicht auf dem Erhalt oder der Begründung einer bestimmten Rechtsordnung liegt. Auch befindet sich keine bestimmte Souveränität in seinem Gesichtskreis. Ihm geht es um den Erhalt und die Begründung der Rechtsordnung selbst, einerlei welcher, um den Bestand einer Souveränität, und auch hier einerlei welcher. Der faktische Erfolg der Rechtsordnungsbegründung durch eine staatliche Instanz ist für ihn die Messlatte. Wer die Kompetenz im Staat für sich in Anspruch zu nehmen versteht, ist dabei eine Frage, die genauso offen ist, wie die, welche konkrete Rechtsordnung herbeiführt wird. Schmitt sieht hier eine vollkommen positive Zusammenführung von juristischer und faktischer Kompetenz als Kernfrage des Souveränitätsbegriffs. »Die Verbindung von faktisch und rechtlich höchster Macht ist das Grundproblem des Souveränitätsbegriffes.«[59] Hier

[58] *PT*, S. 16.
[59] *PT*, S. 27.

wird weder für das Recht optiert noch für die Macht, Schmitt geht dem Dilemma des Primats aus dem Weg. Optiert wird für die Rechtsordnung schaffende Kraft einer staatlichen Instanz, die auch die Macht für ihr Amt besitzt. Dort, wo beides zusammenkommt, entstehen Souveränität und Rechtsordnung.

Es ist vielleicht nicht uninteressant, dass Schmitt sich in seiner Diktatur-Monografie auch rechtsgeschichtlich anhand von Bodin seiner Verbindungsthese versichert hat. Nach dem Zerfall der mittelalterlichen Ordnungsvorstellungen sei es der französische Jurist gewesen, der das nichtzureichende der Antwort zweier konkurrierender Theorielager erkannt habe. Während die Vertreter der »machiavellistischen Technizität«[60], unter die Schmitt nicht nur den namengebenden Florentiner, sondern alle frühneuzeitlichen Theoretiker der Staatsraison subsumiert, sich einer rein machtorientierten Lösung verschrieben hätten, seien die in Verteidigungsstellung befindlichen Stände in die Vorstellung von einem »monarchomachischen Rechtsstaat«[61] geflüchtet, also zu einer rein rechtsorientierten Position. Bodin habe mit seinem Souveränitätsbegriff dagegen erkannt, dass hier eine Vermittlung gefragt sei. Schmitt sieht Bodin eine Lösung finden, die der analog ist, die er zwei Jahre später für sich reklamieren wird. »Das schwierige Problem des öffentlichen Rechts, das im Begriff der Souveränität und seiner Verbindung von höchstem Recht und höchster Macht liegt, konnte weder mit den Mitteln einer politisch-technischen Theorie gelöst werden, noch war es damit erledigt, dass man es, wie die Monarchomachen,

[60] *DD*, S. 25.

[61] *DD*, S. 25.

ignorierte.«[62] Schmitt macht also schon in der Auseinandersetzung mit den frühneuzeitlichen Theoretikern deutlich, dass er mit einer Verbindung von Recht und Macht eine Position jenseits einer Apologie der Macht, aber auch eine jenseits eines ohnmächtigen Utopismus des Rechts sucht.

Beim Vergleich der beiden Verbindungsthesen aus der Diktatur-Monografie und aus *Politische Theologie* fällt allerdings ein kleiner, unwesentlich scheinender Unterschied in der Formulierung auf. Während in der Monografie von der Verbindung von »höchstem Recht und höchster Macht» gesprochen wird, verändert *Politische Theologie* die Verbindung zu der von »faktisch und rechtlich höchster Macht«. Aus einem Verhältnis von Recht und Macht ist eines innerhalb der Macht geworden. Schmitt verabschiedet sich damit vom Dualismus von Recht und Macht, einem Überbleibsel aus seiner Habilitationsschrift[63]. Jetzt präferiert er ein vom Dualismus freies Verhältnis zweier Formen der Macht, die eine Verbindung eingehen müssen. Der Gegensatz von Recht und Macht ist zu einem innerhalb der Macht geworden. Diese begriffliche Änderung schärft die realistische Perspektive seiner Formel. Denn in der Welt, in der sie sich bewegt, gibt es nur Mächte, solche, die ein mächtiges Amt haben und solche, die eine mächtige Gewalt aufbieten können. Es gibt hier nur die »Realität«[64] zweier Mächte. Im souveränen Ausnahmezustand verbinden sie sich.

---

[62] *DD*, S. 25.

[63] *WS*, S. 22ff.

[64] *PT*, S. 26.

IX

Ein Souveränitätsbegriff, der sich als Verbindung von faktisch und rechtlich höchster Macht versteht, kann mit jeder rein machtorientierten Herangehensweise nichts anfangen. Daher polemisiert Schmitt gegen eine Definition der Souveränität, die ihren Gegenstand als »höchste, rechtlich unabhängige, nicht abgeleitete Macht«[65] bestimmt. Für ein juristisch interessiertes Vorhaben sei eine solche Fassung nicht zielführend. Und zwar aus einem schlichten und einfachen, in seiner Knappheit auch abschließend klärenden Grund: »Die Macht beweist nichts für das Recht«[66]. Eine Definition, die die Souveränität auf die bloße Macht reduziert, verfehlt für Schmitt die spezifisch staatsrechtliche Fragestellung. Er zitiert in dem Zusammenhang die berühmte Pointe von Rousseau, wonach eine Reduktion des Rechts auf die Macht zwingend dazu führe, das Recht des Staates nicht mehr von dem eines Räubers unterscheiden zu können. Eine klarere Zurückweisung ist nicht möglich. Doch interessanterweise begnügt sich Schmitt damit nicht. Er mobilisiert weitere Argumente, um die Abwegigkeit einer allein machtorientierten Definition der Souveränität zu begründen. Zunächst führt er den machtrealistischen Einwand ins Feld, dass eine verlässlich größte Macht im sich stets wandelnden Pluriversum politischer Verhältnisse gar nicht auszumachen sei. »Eine unwiderstehliche, mit naturgesetzlicher Sicherheit funktionierende höchste, das heißt größte Macht gibt es in der politischen Wirklichkeit

---

[65] *PT*, S. 26.
[66] *PT*, S. 26.

nicht«[67]. Schmitts Konzept der Verbindung vermag nicht nur das juristische Moment der Macht, sondern auch deren Wandlungen zu integrieren. Hier stellt sich das Zusammenkommen von rechtlicher und faktischer Macht jeweils flexibel her. Es ist weder von einer stabilen Macht noch von einem stabilen Kompetenzinhaber abhängig. Natürlich kann man Schmitt die Frage stellen, ob eine reine Machtsouveränität je von einem Staatsrechtler postuliert wurde. In der Regel wurde die Souveränität im Kontext des Rechts verstanden, auch von den Klassikern. Möglicherweise wollte Schmitt mit seiner Phalanx gegen die Macht-Souveränität nur alle Versuche zurückweisen, die seine Definition in diesem Licht rezipieren.

Gleichwohl ist die Verbindung von Recht und Macht ohne Primat als Apologie des »gelungenen Staatsstreichs«[68] gelesen worden. Sie eröffne die Möglichkeit, eine bestehende Rechtsordnung qua Ausnahmezustand zu beseitigen oder eine bestehende Souveränität zu ersetzen. In Schmitts Argumentation läuft der Einwand natürlich ins Leere. Denn der Vorwurf des Staatsstreichs legt den Fokus auf die Legitimität einer bestimmten Rechtsordnung. Bei Schmitt geht es aber nie um eine bestimmte Rechtsordnung, er lehnt den Primat des Rechts ab, es geht um eine Rechtsordnung, die sich im Ausnahmezustand allererst herstellt. Und es geht auch nicht um eine bestimmte Souveränität, denn jede hat Legitimität, wenn sie den Ausnahmezustand beherrscht. Und es gibt noch ein weiteres Argument gegen die Staatsstreichthese, insofern damit die Aktionen außerstaatlicher Akteure

---

67 *PT*, S. 26.

68 Volker Neumann: *Carl Schmitt als Jurist*. Tübingen 2015, S. 52.

gemeint sind. Schmitt hat in seiner Diktatur-Monografie eine Unzahl von historischen Ausnahmezuständen und Diktaturen vorgestellt. Stets waren die Akteure etablierte Institutionen des Staates, nie nichtstaatliche Putschisten. Das Handeln war immer juristisch bestimmt, nicht im normrechtlichen Sinne, sondern in dem, dass stets eine staatliche Organisation handelte. Alles findet »innerhalb des Staates«[69] statt.

X

Die kontingente Rechtfertigung von Souveränität wird jeden konkreten Träger von Souveränität nicht vollständig zufrieden stellen, wenn er erfährt, dass auch ein anderer grundsätzlich der Träger von Souveränität sein könnte. Er wird den Agnostizismus als einen Angriff auf seine Legitimität verstehen. Er wird spüren, dass seine Legitimität nicht sein eigen ist, sondern eine funktional verliehene. Das »ist, wer« der Definition wird ihn um seine Kompetenz fürchten lassen, falls er sich einmal als nicht handlungsfähig erweist. Interessanterweise ist Schmitt diese Anlage seines Souveränitätsbegriffs nie vorgehalten worden. Vielleicht half ihm sein esoterisch-exoterischer Stil. Einen Verdacht hat das Publikum gleichwohl gespürt. Die Rede vom »Chamäleon«[70] des Staatsrechts legt beredt Zeugnis davon ab.

---

[69] *TB*, S. 55.

[70] Karl Schultes: *Der Niedergang des staatsrechtlichen Denkens im Faschismus.* Weimar 1947, S. 12.

Die Souveränitätsdefinition ist hinsichtlich der Legitimität der Souveränität zwar agnostisch, ein Machtkampf von Souveränitätsprätendenten liegt allerdings außerhalb ihres Gesichtskreises. Sie kennt nur zwei Fälle: entweder der Souverän ist bekannt und sichtbar, oder die Frage nach der Souveränität stellt sich aktuell nicht. Falls sie sich stellt, betritt automatisch ein Souverän die juristisch-machtpolitische Bühne, indem er den Ausnahmezustand erklärt, wodurch dieser als Souverän sichtbar wird. Eine offene Lage, einen Machtkampf zwischen Gruppen im Staat, die die souveräne Gewalt jeweils für sich beanspruchen und sich durchzusetzen versuchen, kann durch die Definition nicht erfasst werden. Ihre kriteriale Kompetenz versagt in Situationen politischer Unübersichtlichkeit, im Aufruhr des Klassenkampfs, im Falle von Revolutionen und Umsturzversuchen. Sind es – um die Verlegenheit der Definition an einem konkreten Beispiel vorzuführen – die Revolutionäre oder die Regierungsstellen, die den Ausnahmezustand erklären? Wer greift die Rechtsordnung an und wer verteidigt sie? Im Kontext der Definition ist diese Frage nicht zu beantworten, weil sie in dieser Phase eine offene Frage ist. Es ist in solchen offenen Situationen nicht klar, wer souverän ist und wer den Ausnahmezustand erklärt. Die Definition der Souveränität kann hier nicht Position beziehen. Es hieße, sich vorab für einen Souverän oder eine Rechtsordnung zu entscheiden, also für eine Legitimität zu votieren, die doch erst mit ihrer Durchsetzung entsteht. Die Definition muss hier einstweilen abwarten und schweigen.

Die Definition der Souveränität interessiert sich nur für die Macht, wenn sie in der juristischen Sphäre auftritt.

Machtkämpfe im soziologischen, politischen oder wirtschaftlichen Sinne liegen außerhalb ihrer Sichtweite. Es scheint ein interessantes Paradox, dass gerade eine Theorie, die stark auf die Macht im Staat fokussiert, für die historischen Kämpfe um die Macht kein Interesse zeigt. Und doch ist das vollkommen konsequent, denn ihr Agnostizismus und ihr Positivismus zeigen sich nur dafür interessiert, dass die Verbindung von rechtlich und faktisch höchster Macht gelingt. Was die involvierten Mächte wollen, ihre wirklichen Motive, die politischen Ziele ihrer Macht, das alles ist nicht von Interesse. Alle wirklichen Kämpfe um die Staatsmacht, das Konkurrieren der verschiedenen politischen Gruppen, sind ausgeblendet. Die soziologischen und politischen Aspekte des Ausnahmezustandes treten nicht hervor. Sie mögen wirken, aber sie treten nicht ins Blickfeld der Betrachtung der Definition der Souveränität.

XI

Der grundsätzliche Agnostizismus der Definition und ihr Schweigen im offenen Ausnahmezustand sind auch dazu geeignet, Schmitts Positionierungen in Weimar und im Nationalsozialismus, aber auch in der Zeit des Interims, vor Stabilisierung des Nationalsozialismus zu verstehen. Zunächst war Schmitt juristischer Gegner des Nationalsozialismus, er verteidigte die Weimarer Verfassung. Allerdings nicht aus Einsicht in deren grundsätzliche Legitimität, sondern in Akzeptanz der souveränen Entscheidung des deutschen Volkes. »Für die Weimarer Verfassung sind diese grundlegenden politischen

Entscheidungen: die Entscheidung für die Demokratie«[71]. Die Legitimität der Weimarer Republik folgt dem positivistischen Agnostizismus seiner Souveränitätsdefinition. Die Entscheidung des deutschen Volkes rubriziert Schmitt unter der Kategorie eines »positiven Verfassungsbegriffs«[72], das heißt die Entscheidung kann in Zukunft auch anders ausfallen. Die Weimarer Reichsverfassung stand für Schmitt immer unter dem grundsätzlichen Vorbehalt von neuen und anderen Souveränitäts- und Rechtsordnungsentscheidungen. Dann geschah genau das, es kam der Wechsel. Die nationalsozialistische Regierung trat an mit dem Anspruch, das bisherige Verfassungssystem zu vernichten. Ob es ihr gelingen würde, war zunächst offen. Es war also nicht klar, ob hier ein neuer Souverän mit einer neuen Rechtsordnung aufgetreten ist. Die Machtfrage war ungeklärt. Ein Votum für einen der Kandidaten gibt die Definition in dieser Situation nicht her. Sie kennt keinen an sich legitimen Souverän. Es gilt abzuwarten, bis eine Entwicklung so weit abgeschlossen ist, dass sie als Entscheidung zu werten ist. Bis dahin müssen die Definition und ihr Schöpfer schweigen. Schmitt hat sich zu Beginn des Nationalsozialismus genau so verhalten. Er positionierte sich nicht.[73] Mit dem Ermächtigungsgesetz klärte sich für Schmitt die Lage. Das Gesetz war, wie er in einem Artikel der Deutschen Juristen Zeitung feststellte, »Ausdruck des Sieges der nationalen Revolution«[74]. Aus Sicht der Souveränitätsdefinition

[71] *VL*, S. 20.

[72] *VL*, S. 20 ff.

[73] Reinhard Mehring: *Carl Schmitt zur Einführung*. Hamburg 1992, S. 304 ff.

[74] *Ebd.*, S. 305/306.

ist nun eine dem Status der Weimarer Verfassung analoge Situation eingetreten. Es gibt wieder eine positive Rechtsordnung. Schmitt konnte sein juristisches Engagement für die neue Ordnung starten. Auch das nationalsozialistische Deutschland besitzt wie sein Vorgänger keine eigene Legitimität, sondern stützt sich nur auf die nun sichtbar gewordene Entscheidung, die zukünftig auch wieder anders ausfallen kann. Es gilt erneut der grundsätzliche Souveränitäts- und Rechtsordnungsagnostizismus. Das deutsche Volk kann das nationalsozialistische Deutschland durch eine andere Ordnung ersetzen – wie nach dem Krieg geschehen - wobei die dann herbeigeführte Rechtsordnung für Schmitt ebenso Legitimität beanspruchen kann. Es besteht kein Zweifel, dass Schmitt auch in diesem Fall, nach anfänglichem Warten, auf die neue Lage eingeschwenkt wäre. Er hätte sowohl der DDR als auch der Bundesrepublik als Staatsrechtler gedient.

Die beiden Momente der Souveränitätsdefinition, die agnostizistische Legitimität der je positiven souveränen Rechtsordnung und das Schweigen im Übergang, machen Schmitts Verhalten und Positionierung im Übergang von Weimar zu Hitler plausibel. Er folgte den Imperativen, den seine Definition ihm vorgegeben hat. Er engagierte sich erst für die Weimarer Verfassung, im Übergang schwieg er, um dann sein juristisches Engagement auf den Nationalsozialismus zu richten, als dieser fest im Sattel saß. Wenn es auch merkwürdig erscheinen mag, dass gerade der Staatsrechtler, der sich am intensivsten um die juristische Rechtfertigung der rettenden Tat bemühte, den disparatesten Regierungen zur Seite gestanden hat, im entscheidenden Moment des Übergangs aber geschwiegen hat, dann lag das ganz in der Konsequenz der

Definition der Souveränität. Nicht sein Verhalten im Jahr 1933 bedarf also einer Erklärung, jedes andere hätte einer Erklärung bedurft.

Siglen zitierter Schriften Schmitts

DD	Die Diktatur, Berlin 1978 (1921)
GL	Glossarium, Berlin 1991
GU	Gesetz und Urteil 1969 (1912)
DL	Der Leviathan, Köln-Lövenich 1982 (1938)
NE	Nomos der Erde, Berlin 1988 (1950)
PR	Politische Romantik, Berlin 1982 (1925)
PT	Politische Theologie, Berlin 1985 (1922)
SG	Staat, Großraum, Nomos, Berlin 1995
TB	Tagebücher 1921 bis 1924, Berlin 2014
VL	Verfassungslehre, Berlin 1983 (1928)
WS	Der Wert des Staates und die Bedeutung des Einzelnen, Berlin 2004 (1914)